JAVIER NAVARRO

AF177761

LAS ESTATUAS DE MACHU PICCHU

Illustraciones: Caroline Gatti

Javier Navarro:
Las estatuas de Machu Picchu
Teen Readers, nivel 2

Editora: Ulla Malmmose

Diseño de cubierta: Mette Plesner
Foto: R2 Photography/iStock/Getty Images Plus

ISBN Denmark 978-87-23-54129-1
www.easyreaders.eu

The CEFR levels stated on the back of the book
are approximate levels.

Easy Readers

EGMONT

Printed in Denmark

SOBRE EL AUTOR

Javier Navarro (Málaga, 1966) estudia Filología Española en Salamanca y después da clases de español en las universidades de Salamanca y Würzburg. Actualmente vive en Salamanca.

A Javier Navarro le gusta viajar. Para viajar normalmente hay que salir de casa. Pero, a veces, basta con abrir un libro. O también basta con hablar con alguien de otro país. Por eso el autor quiere conseguir con este libro dos cosas: un viaje y una conversación con personas de un país que le gusta y conoce bien.

DEDICATORIA

Para César Geldres, de Trujillo, porque gracias a ti los personajes de este libro hablan como auténticos peruanos y porque, cuando me hablas sobre tu vida, me enseñas las cosas que los turistas no vemos.

AMÉRICA DEL SUR

CAMINO
INCA

I LIMA

1

-Papá -dice Esther-, yo no quiero.

El padre de Esther bebe un poco de café y después dice:

-Pero, Esther, conozco la *Plaza de Armas* y es muy interesante. Puedes leerlo también en la *guía*.   5

-Papá, yo no quiero ser una turista normal. Yo quiero ver el país auténtico, ¿lo entiendes? Quiero hablar con la gente de la calle…

Marta, la hermana pequeña de Esther, no está escuchando. Tiene en sus manos dos frutas exóticas y ahora   10
no sabe qué fruta quiere comer primero.

-Mira, papá -continúa Esther-, ¿por qué no vamos a ver la *ciudad joven*?

-Claro, claro -el padre habla nervioso-, muy buena idea: vamos a ver casas de cartón y niños pobres. ¡Qué   15
fantásticas vacaciones! Después llamo por teléfono a tu madre y le digo: con Esther ningún problema, está

Lima, capital de Perú; es una ciudad enorme, con ocho millones de habitantes
Plaza de Armas, normalmente en las ciudades peruanas hay una Plaza de Armas; es la plaza principal
guía, libro de viajes con información sobre un país o una ciudad
ciudad joven, nombre que tiene en Lima la parte pobre de la ciudad

secuestrada en algún lugar de Lima.

-Papá, papá, escúchame.

-Mira, Esther, tú eres aquí una turista. Y, para la gente pobre, un turista es una persona con dinero. Tú no puedes ir a la ciudad joven para encontrar amigos.

-Papá, ¿cómo se llama esto? -dice Marta y le enseña una fruta de color naranja.

-No lo sé, Marta, yo no soy peruano.

-¿Ves, papá? -dice Esther-. Has estado en Perú dos veces y todavía no sabes cómo se llaman las cosas. ¿Por qué no te compras un libro sobre Perú, te sientas en un sofá y miras las fotos? Mamá tiene razón: a ti sólo te gusta ir a hoteles caros como éste y fotografiar monumentos famosos.

-Esther, estamos de vacaciones y no quiero discusiones. Vamos a pasar dos semanas en Perú y te digo algo: vas a ver muchas cosas, algunas agradables y otras menos agradables.

2

A Esther y Marta, que viven en *Valencia* y han estado de vacaciones sólo en países europeos, Lima les parece una ciudad fascinante. Es una ciudad enorme, con avenidas inmensas; también una ciudad llena de contrastes y con un tráfico caótico.

Visitan la Plaza de Armas con sus monumentos de

---

secuestrada, secuestrar es llevar a alguien a un lugar secreto para pedir dinero
Valencia, ciudad grande de España, junto al mar Mediterráneo; las naranjas y la paella son típicas de Valencia

arquitectura colonial. Esther y Marta miran sobre todo a la gente: indios, *mestizos*, turistas americanos, europeos y japoneses. Por las calles ven vendedores, a veces mujeres, a veces niños. Venden fruta, o tabaco, o bebidas. Todo es diferente: los árboles y las plantas de los 5 numerosos parques de Lima no son como los de España. La persona que les enseña la catedral tiene acento peruano y usa palabras que ellas no han oído nunca.

Por la tarde están cansados. Se sientan en un banco de un parque y el padre lee en su guía: "Lima es una 10 ciudad con poco sol" -Marta y Esther lo escuchan-. "En *invierno*, en los meses de junio a septiembre, hay mucha *niebla*".

Esther mira el sol -hace un tiempo fantástico- y *sonríe*.

-Para papá la guía es como la Biblia -le dice Esther a 15 Marta-: todo en la guía es verdad y el tiempo tiene que ser como está escrito en la guía.

No es el primer comentario de Esther contra su padre, pero en realidad está muy contenta. Esther sabe que este viaje a Perú ha sido una idea muy buena de su 20 padre.

Ellos están en Perú por dos *razones*. Durante todo el año Marta ha tenido problemas con el inglés, pero al final ha terminado el curso con buena nota. Por eso su

---

arquitectura colonial, arquitectura de los españoles en América Latina, en los siglos XVI al XVIII

mestizo, hijo de indio o india americano y europeo o europea

invierno, meses fríos del año; en el hemisferio norte desde diciembre hasta marzo

niebla, la niebla es típica de Londres, Inglaterra; con niebla, vemos sólo lo que está cerca

sonreír, sonreímos cuando oímos o pensamos en algo divertido

razón, motivo, causa; una razón explica algo

padre les *ha regalado* a ella y a su hermana este viaje a Perú.

---

regalar, regalamos cosas a una persona por ejemplo el día de su cumpleaños

Pero la auténtica razón del viaje es otra. Los padres de Esther y Marta *se han separado* y las dos hermanas viven ahora con su madre en la casa de Valencia. Su padre vive en un apartamento pequeño de Manises, una ciudad cerca de Valencia. Las hijas tienen que 5 pasar un mes con su padre, pero allí, en Manises, no conocen a nadie, y el apartamento es muy pequeño. Por eso el padre ha pensado en este viaje.

A la madre esta idea no le ha gustado demasiado ("¿A Perú, Alfredo, quieres ir con las niñas a Perú?"); 10 pero, después de una larga conversación por teléfono ("Mujer, yo he estado en Perú y es un país normal, turístico; y las niñas ya tienen dieciséis y catorce años"), todo ha terminado bien, y ahora el padre y las hijas están aquí, en Lima. 15

3

Esther y Marta están sentadas en un sofá que hay a la entrada del hotel. Su padre habla con el hombre que trabaja en la recepción.

-Tengo un problema, Armando.

-Le escucho, señor. 20

-He reservado este hotel para una semana, pero creo que quiero irme antes.

-Claro, ningún problema.

-Es por Esther, mi hija mayor. Esther dice que está harta de ir a los museos de Lima. Tengo que hacer algo 25 con mis hijas, algo para jóvenes. ¿A dónde podemos ir?

El recepcionista saca un catálogo de viajes y se lo

separarse, ir a casas diferentes, no vivir juntos porque ya no se quieren

enseña a Alfredo.

-Mire, señor. Nosotros trabajamos con una agencia de viajes de aquí, de Lima. Aquí va a encontrar lo que necesita.

5 Alfredo mira la foto exterior del catálogo: es una foto de *Machu Picchu.*

-Usted, Armando, usted que es peruano, ¿qué me dice del *Camino Inca?*

El recepcionista piensa un momento.

10 -Claro, es perfecto para su hija mayor. ¿Ve? -busca una página en el catálogo-. La agencia de viajes organiza todo: el transporte, las noches en los hoteles... Y no es mucha *plata.*

Alfredo mira la página que le enseña el recepcionista.

15 Es un viaje de una semana: primero en *Cuzco* y después en el Camino Inca.

-Esto es lo que busco. Pero, Armando, ¿usted cree que mi hija pequeña puede hacer el Camino Inca?

Armando mira un momento a las dos hermanas.

20 Después mira a Alfredo, y sonríe.

-Seguro, ella no va a tener ningún problema. Pero usted, señor..., ¿usted hace algún deporte?

"Estos peruanos siempre con su humor", piensa Alfredo.

25 -Bueno, pues usted hace la reserva, ¿de acuerdo? ¿Es posible salir mañana?

Machu Picchu, ciudad inca en medio de los Andes; en 1911 la encuentra un arqueólogo norteamericano
Camino Inca, camino, actualmente turístico, de los incas en los Andes (aproximadamente 40 km); la cultura inca: aprox. 1.400-1.532 en parte de los actuales países de Colombia, Ecuador, Perú, Bolivia y Chile
plata, dinero (es un americanismo, es decir, palabra que se usa en América Latina)
Cuzco, antigua capital de los incas

-*Ahorita* llamo por teléfono.

-Nosotros vamos a comer a un restaurante chino que, según mi guía, es muy bueno, pero volvemos *dentro de* dos horas. Entonces hablamos.

Alfredo *se despide* y sale con sus hijas. Un hombre *se acerca* a la recepción. Es alto, rubio, de unos cuarenta años, con un "piercing" en una *ceja*.

ceja

-¿Son ellos? -pregunta. Habla español, pero su acento es extranjero.

-Sí -dice el recepcionista.

-Es una familia perfecta. Es lo que estoy buscando.

-Van a ir a Cuzco y al Camino Inca.

-Muy bien. Allí los voy a encontrar sin problemas.

II   CUZCO

1

Esther es como su madre: es morena, alta, y sus ojos son muy negros. Su hermana Marta es como su padre: rubia y de ojos azules. Por eso, durante el viaje a Cuzco, los

---

ahorita, ahora (americanismo)
dentro de, después de
despedirse, decir adiós
acercarse, ir a un lugar, andar y estar más cerca de un lugar

11

otros turistas que viajan en el *avión* piensan que Marta
no es española.

avión

-Papá, estoy harta. Aquí toda la gente me habla en
inglés. Durante todo el curso, el inglés, el inglés... Y
5 ahora, aquí, otra vez el inglés. Voy a escribir en mi cara:
"hablo español y no me gusta hablar inglés".

-¿Ves? Siempre te lo he dicho: hablar inglés es muy
importante.

Esther tampoco está muy contenta. Ella no quiere
10 un viaje organizado, sólo con turistas norteamericanos
y europeos en el avión. "Así no vamos a conocer nunca Perú", le dice a su padre.

Pasan el primer día en un hotel de Cuzco. El segundo
día por la mañana, después del desayuno, Esther sale
15 sola del hotel. No quiere visitar con los otros turistas la
catedral y otras iglesias. Ella quiere caminar por las
calles, mirar a la gente, ver cómo viven y cómo trabajan
los peruanos.

Cuzco no es como Lima. Lima es una ciudad grande
20 y española. Cuzco, una ciudad inca y más pequeña. Muy
turística, es verdad, pero... Esther no sabe explicarlo, es
más auténtica. Cuzco parece tener dos ciudades. Una
ciudad es la que Esther ve con los ojos. Otra es la ciudad
inca que ya no existe, pero que sigue ahí, debajo del
25 suelo.

Cuando Esther pasa por las calles junto al *palacio del*

palacio del Inca Roca, los muros de este palacio de Cuzco son incas, con
piedras poligonales muy grandes (ver dibujo)

12

muro

piedra

Inca Roca, ve los *muros* de *piedras* enormes y entonces comprende esta impresión. En Cuzco hay casas que están encima de los antiguos muros incas. Es, realmente, una ciudad que está encima de otra ciudad.

En una calle ve a un grupo de músicos. Son indios y 5

13

tocan, naturalmente, *música andina*, una canción que ella no conoce. Esther los escucha unos minutos. Después tocan *"El cóndor pasa"*. Claro, es música para turistas, pero a Esther no le importa. Les da algo de dinero y
5 continúa su camino. Está contenta porque ahora está sola, y le gusta estar sola en una ciudad donde nadie la conoce.

Es un día con mucho sol. Frío, pero con sol. Desde muchos lugares de Cuzco puede ver las montañas, los
10 Andes, esas montañas míticas donde vive el cóndor. Esther continúa su paseo y entonces oye que alguien dice su nombre:

-¡Esther, Esther, estamos aquí!

Esther mira y ve al grupo de turistas. Su padre, muy
15 contento, va hacia ella y la llama otra vez:

-¡Esther, ven, es una iglesia fantástica, es la iglesia de Santo Domingo!

Esther *corre*, lejos. La gente de la calle la mira, pero Esther corre más, más lejos.
20 El padre de Esther *se para* y mira el lugar donde ya no está su hija.

-Papá, ¿se ha ido Esther? -pregunta Marta.

-Sí. ¿Qué le pasa? ¿De verdad es todo muy aburrido con nosotros?
25 Marta sonríe.

-Papá, ya sabes, Esther es así. A veces es así.

Alfredo mira a su hija y piensa: "Sí, Esther es como

tocar, hacer música con un instrumento
música andina, música tradicional de Perú; su instrumento principal es la flauta (andina = de los Andes)
El cóndor pasa, conocida melodía de la música andina
correr, por ejemplo los atletas corren una maratón
pararse, primero andar y después estar sin movimiento

su madre: no puede estar en un *mismo* lugar o con la misma persona durante mucho tiempo. Necesita emociones nuevas".

2

Esther ya no corre. Ahora sólo anda rápido. No mira nada, sólo piensa. Piensa en su padre y en ella. A ella le 5 gusta estar libre. ¿Ser un cóndor? Sí, es eso, un cóndor. Sola, sobre las montañas.

Ya no está en el centro de Cuzco. Ahora las casas son muy pobres, y las calles no están asfaltadas. En el muro de una casa hay un banco de piedra. Esther se sienta. 10 Está cansada, nerviosa y tiene ganas de *llorar*. ¿Por qué? No lo sabe. Sólo sabe que tiene ganas de llorar.

Y llora, allí, sola, en el banco de piedra. La gente pasa cerca de ella, la mira, pero no dice nada. Poco después alguien está de pie junto a ella. Esther no puede 15 verlo bien porque todavía está llorando. Es un joven, un indio. Es difícil saber su edad: puede tener dieciocho o veinticinco años. El joven sonríe.

-Mi mamá te quiere ver.

-¿Tu mamá? 20

-Sí, mi mamá. Te ha visto llorar y te quiere ver. Está ahí.

El joven indio va hacia una casa que tiene la puerta abierta. Esther ya no llora y camina junto a él. Por un momento piensa: "*A lo mejor* mi padre tiene razón. No 25

---

mismo, idéntico, igual; aquí significa sólo en un lugar
llorar, salir agua de los ojos
a lo mejor, puede ser así, o puede ser de otro modo

15

debo ir con gente a la que no conozco. Para ellos yo sólo soy una turista con dinero". Pero ya está dentro de la casa.

Es una casa *oscura*: tiene sólo una habitación grande
5 con una ventana pequeña. Esther ve que no hay luz eléctrica. Es muy pobre: hay una mesa, algunas sillas, comida… En otra parte hay unas *mantas*: seguramente son las camas.

manta o poncho

Junto a la ventana hay una mujer de cincuenta o
10 sesenta años, gorda, con *ropa* tradicional andina, de muchos colores. Dice algo que Esther no entiende.

-Es mi mamá -explica el joven indio-. Habla *quechua*. Ella ha vivido siempre en la *sierra*, pero ahora mi hermana trabaja *acá*, en Cuzco -el joven pronuncia
15 "Cusco"- y ella vive con nosotros dos. ¿Te quieres sentar?

Esther se sienta delante de la mujer y mira su cara: es una cara oscura, llena de años, de trabajo, de experiencia. Parece una mujer inca, una mujer de otra época.

---

oscuro, sin luz, sin sol
ropa, necesitamos ropa por ejemplo cuando hace mucho frío
quechua, idioma de los incas; muchos peruanos de los Andes hablan
todavía quechua
sierra, montañas
acá, aquí

16

la mujer se ríe

-Mi mamá dice que te ha visto llorar. ¿Por qué lloras? -traduce el joven.

-No lo sé -dice Esther.

El joven y la madre hablan unos momentos en que-
5 chua.

-Mi mamá dice que hay un hombre que te está buscando.

-¿Es mi padre?

Cuando el joven traduce la pregunta, la mujer *se ríe*.

10   -No, es un hombre que no conoces. El hombre les
está buscando a *ustedes*, y eso es malo. Es un hombre
que no les quiere. Y les va a encontrar.

La mujer dice algo en quechua.

-Mi mamá ya no sabe más. Lo siento. Pero te quiere
15 invitar a comer.

Comen *arroz* con *ajo* en silencio. Después de la
comida, la madre vuelve a la ventana y mira la calle.
Esther, en la puerta de la casa, pregunta al joven indio.

ajo

-¿Y es verdad lo que tu madre dice? ¿Es verdad que
20 ella sabe cosas sobre la vida de otras personas?

El joven indio se ríe.

---

reírse, ver dibujo en pag. 17

ustedes, en muchos países de América Latina la gente no usa la palabra
"vosotros"; siempre dicen "ustedes"

arroz, es la comida típica de Asia; también para la paella necesitamos
arroz

-No lo sé. Ella nunca nos cuenta cosas del futuro a mi hermana o a mí. Sólo cuenta esas cosas a gente que no conoce, a *gringos* sobre todo. Después, los gringos se van, y nunca sabemos si es verdad lo que ella dice.

Esther también se ríe. 5

-Dale las gracias a tu madre. Ahora estoy mucho mejor y ya no quiero llorar.

III   EL CAMINO INCA

1

-Papá, ¿estás bien?

-Sí... bueno, no demasiado bien -Alfredo casi no puede hablar y su cara está roja-. Es la *altura*, ¿sabes? 10 Creo que los dos días en Cuzco no han sido suficientes. Yo siempre he vivido junto al mar, y ahora no es fácil andar aquí, a más de tres mil metros de altura.

El padre se para, y él y Marta miran el paisaje. Están en los Andes, en su primer día del Camino Inca. El 15 *paisaje* es fantástico, pero a Alfredo le da igual el paisaje en este momento.

-Creo que he desayunado demasiado -dice el padre.

-Claro, papá.

-Sí, ha sido eso: el desayuno. Mañana tomo sólo un 20 café.

El *porteador*, un peruano pequeño que lleva una

gringo, turista (americanismo)
altura, por ejemplo la altura de Cuzco son 3.400 metros sobre el nivel del mar
paisaje, todo lo que vemos desde un lugar
porteador, persona que lleva la mochila (ver dibujo) de un turista

mochila enorme, se acerca a los dos.

   -Señor, ¿le cojo la mochila?

   -No, no, estoy bien. Es la altura, y con este camino

lleno de piedras…

-Claro, claro.

-Y esta última noche no he dormido bien, por un mosquito en mi habitación.

Alfredo se sienta en una gran piedra, al lado del camino, y cierra los ojos.

-Ya, ese mosquito -sonríe el porteador; al mismo tiempo mira a Marta y con una mano *señala* la *barriga* de Alfredo. Marta se ríe-. Sin ese mosquito, usted el primero, el primero del grupo.

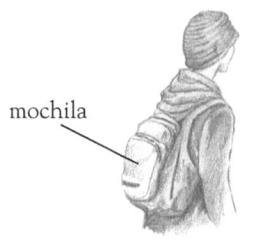
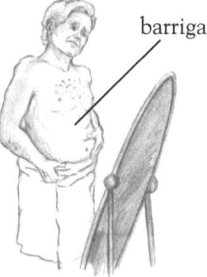

mochila

barriga

Alfredo, que prefiere no escuchar al porteador, pregunta a Marta:

-¿Y tu hermana? Ya no la veo.

-Está con el otro grupo, papá. Ellos andan más rápido. Aquí ahora sólo estamos nosotros tres y esos alemanes de allí con la cámara de fotos.

-¿Le cojo la mochila, señor?

-No, no. Ya estoy mejor. Sí, mucho mejor. ¿Seguimos?

Media hora después los tres están lejos. Son tres siluetas pequeñas en medio del enorme paisaje: un hombre un poco gordo, una chica a su lado y, delante, un peruano pequeño que lleva dos mochilas.

señalar, cuando señalamos un lugar, la otra persona mira hacia ese lugar

21

2

Los dos primeros días en el Camino Inca han sido difíciles. Han pasado por lugares muy altos y fríos, a más de 4.000 metros de altura, en medio de un paisaje montañoso. Este tercer día el camino es más largo, pero es
5 más fácil caminar y el paisaje es diferente, tropical en algunos lugares, y visitan ruinas incas.

Esther llega con el grupo al lugar donde van a pasar la noche. Hoy no van a dormir en una *tienda*, como los primeros días, porque hay un hotel pequeño para turistas.
10 Se ducha y espera a Marta y a su padre, que llegan una hora más tarde. El padre va directamente a su habitación. No quiere cenar; sólo quiere dormir.

tienda

Esther le dice a su hermana.

-Papá está más *delgado*, ¿no crees?
15 -Claro, ¡no come nada! Sólo bebe agua, litros de agua. Oye, ¿es verdad que hay duchas con agua *caliente*?

-Sí.

-¡Qué bien! Me voy a duchar, ¿vale?

Marta va a su habitación y Esther sale del hotel y da
20 un paseo. Ahora, al final de la tarde, las montañas parecen más grandes. Ve a un chico joven, más o menos de su edad, que está sentado y mira el paisaje. Lo conoce:

delgado, estar más delgado significa estar menos gordo
caliente, con calor

es uno de los porteadores. Esther se acerca a él.

-Hola, soy Esther.

El joven la mira y no sonríe.

-¿Cómo te llamas? -pregunta Esther, y ella sí sonríe.

El peruano mira las montañas en silencio. Esther 5
hace un último *intento*:

-Perdona, ¿te *molesto*? ¿Por qué no quieres hablar?

-Yo hago mi trabajo, y hago mi trabajo bien, pero no
es mi obligación hablar con los gringos.

Esther no sabe qué decir. Con los otros porteadores 10
Esther ha hablado y se ha reído mucho, pero él es diferente.

-Perdona. Me voy, no quiero molestarte -dice Esther.

-¿Molestarme? -el chico se levanta, y habla rápido,
enfadado-. No, la gente con plata no molesta. Ustedes 15
pueden hacer lo que quieren, pero nosotros... ¿Qué
somos los peruanos para ustedes? En España somos trabajadores baratos. Aquí, porteadores. Cocinamos para
ustedes, les enseñamos nuestras ruinas. Para ustedes
nosotros somos todavía los pobres indios, como siempre 20
en nuestra historia.

-No, para mí no -dice Esther *seria*.

-¿No? ¿Qué haces tú aquí? ¿Qué han hecho ustedes,
los españoles, siempre? *Por culpa de* ustedes ya no tene-

---

intento, intentar algo es querer hacer algo; intento es el sustantivo de intentar

molestar, molestamos por ejemplo cuando escuchamos de noche música muy alta,

enfadado, cuando estamos enfadados, gritamos ver explicación en pág. 29 y nuestra cara está roja

serio, sin reírse, ver dibujo en pág. 17

por culpa de, ser responsable de algo negativo, ser la razón de algo negativo

mos plata en el Perú, ya no tenemos una cultura de miles de años...

Esther no le responde. No quiere discutir con él. Se despide y anda hacia el hotel. "Tiene algo de razón
5 -piensa-. En estos viajes organizados nosotros pagamos y ellos trabajan, y eso es todo. Pero… yo quiero algo más, yo no quiero viajar así. Es papá, papá: él es así, yo no".

Cuando Esther está cerca del hotel, ve que Marta
10 está en la entrada del hotel y habla con un hombre. Es alto y rubio: un extranjero con un "piercing" en una ceja. El hombre se está riendo. Cuando ve a Esther, se despide.

-¿Quién es? -pregunta Esther.
15 -Un turista. Aquí, en el hotel, hay también otro grupo de turistas.

-¿Quiere algo?

-No, sólo hemos hablado. Es muy simpático. Me ha preguntado sobre vosotros, sobre mamá, sobre mi vida
20 en España. ¿Tú qué has estado haciendo?

-Yo también he estado hablando, con un peruano, pero… él no es nada simpático.

Esa noche no es fácil para Esther. Se acuesta cansada, pero no puede dormir. Todo el tiempo piensa en su
25 conversación con el chico peruano. Se pregunta por qué todo en la vida es siempre complicado. Ella sólo quiere hablar con la gente, conocerla. Esther no es un *conquistador* español. Es sólo una turista que quiere conocer el país, y Perú es un país que le gusta, un país
30 fascinante.

---

conquistador, persona que entra en un país extranjero y cambia su cultura y su política

3

El último día en el Camino Inca sólo caminan dos horas y entonces, debajo de ellos, está ese lugar mítico, esa ciudad en medio de los Andes y del paisaje tropical, esa ciudad que siempre ha sido inca y no ha conocido a los conquistadores españoles: Machu Picchu. 5

Alfredo está de muy buen humor. Ha terminado el Camino Inca (eso es lo más importante para él) y ahora *disfruta de* la visita a Machu Picchu. Es la segunda vez que él está aquí, pero también esta vez es algo fantástico. Machu Picchu es como volver a otra época, y no impor- 10 tan los muchos turistas que han llegado en autobuses.

El padre y las dos hijas pasan el día en Machu Picchu. Por la tarde van hacia el autobús que va a la estación de tren. Entonces Marta saluda a un hombre que está junto al camino, delante de un indio con un gran *sombrero* 15 negro.

-¡Hola! -dice Marta.

-¡Hola! ¿Es tu familia? -dice el hombre del "piercing".

-Sí.

-Mire, señor -el hombre habla con Alfredo-, este 20 indio quiere venderle cerámica auténtica de los incas.

Alfredo se acerca. Mira al indio: está sentado en el suelo y, delante de él, en una manta, hay seis figuras de cerámica. Son unas figuras primitivas, tienen más o menos quince centímetros de alto, y parecen de verdad 25 antiguas.

-Son *dioses* incas. Estas figuras son auténticas y tie-

disfrutar de, estar bien, divertirse
sombrero, ver dibujo en pág. 26
dios, en la mitología clásica, Zeus, Saturno o Cupido son dioses; hay diferentes dioses incas: Viracocha, Pacha Mama, Inti, etc.

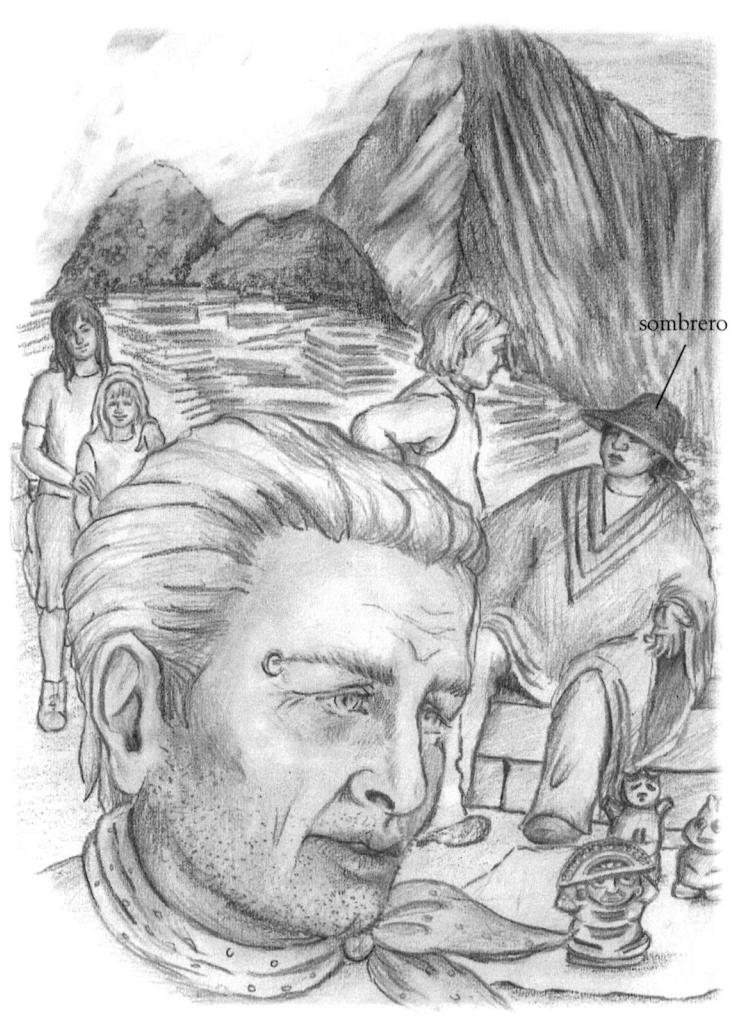

sombrero

26

nen más de quinientos años -explica el hombre del "piercing".

Alfredo sonríe y después le pregunta al hombre:

-¿Por qué no las compra usted entonces?

El hombre también sonríe y no responde la pregunta. 5
Le dice a Marta:

-¿No quieres un recuerdo de tu visita a Machu Picchu?

-Sí, papá.

-Sí, todavía no hemos comprado nada para mamá
-dice Esther. 10

-Está bien -dice Alfredo. Coge una figura con la
mano y la mira. Es una figura horrible, grotesca-.
¿Cuánto quiere?

-Cien dólares -dice el indio. Alfredo no le ve la cara
por el gran sombrero. 15

Alfredo se ríe. Las figuras de cerámica tienen un
adhesivo: "Producto de Perú - *Ayacucho*". Alfredo enseña
el adhesivo a Marta y Esther. Ellas también se ríen.

-¿Cien dólares las seis figuras? -pregunta Alfredo.

-No -responde el indio-. Cien y cien y cien... -después 20
de cinco figuras, el indio ya no tiene suficientes *dedos*
en la mano.

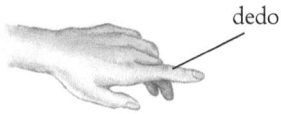

dedo

El hombre del "piercing" se acerca a Alfredo y le
dice:

-Usted tiene que decir ahora un precio. 25

---

adhesivo, etiqueta que tiene un producto
Ayacucho, ciudad pequeña de Perú, conocida por su cerámica

27

-Mucho dinero. Menos, quiero menos.

-Diez dólares -dice el indio-. Auténticas, incas, del Machu Picchu. Diez y diez y diez…

-¿Ahora no quiere cien dólares? -pregunta Alfredo.

5 Marta y Esther disfrutan de la conversación.

-Diez *soles* -dice el indio-. Auténticas, del Machu Picchu. Muchos años.

-Está bien. Creo que estas *estatuillas* van a ser un buen recuerdo para vosotras -dice Alfredo-. Le doy cin-
10 cuenta soles y compro las seis.

El indio mira el billete de cincuenta soles. Un dedo, dos dedos… hasta cinco dedos.

-No. Cincuenta soles y diez soles.

Alfredo se ríe y no ve que el indio está mirando al
15 hombre del "piercing". Éste dice "sí" con la *cabeza*.

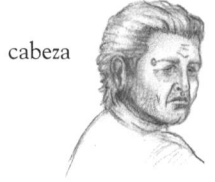
cabeza

maleta

-Auténticas -dice entonces el indio-, del Machu Picchu. Cincuenta soles.

El indio pone las estatuillas en la manta con mucho cuidado. Después mete la manta en la mochila de
20 Alfredo.

-¿Y la manta? -pregunta Alfredo.

El indio levanta la cabeza. Alfredo puede ver sus ojos negros, pequeños.

sol, un dólar son 3,5 soles (en el momento de esta conversación)
estatuilla, estatua pequeña

-Manta auténtica, inca, del Machu Picchu -dice el indio-. Cien dólares.

Esther y Marta se ríen. Alfredo le da un billete de diez soles ("por la manta", dice) y se despide.

IV LIMA

1

-¡Papá, papá! -grita Esther-. ¡Abre! ¡Es importante! 5
¡Ha pasado algo!

Alfredo cierra la *maleta* y abre la puerta de su habitación.

-¿Qué pasa, Esther?

-Ven, rápido, ven a nuestra habitación. 10

Los dos entran en la habitación de las hijas. En la cama de Esther está sentada Marta. Delante de ella está la manta con las estatuillas. Alfredo se acerca.

-Mira, papá, mira lo que ha pasado. Estoy metiendo las estatuillas en mi maleta y… ha salido esto de una 15
estatuilla -dice Marta.

Marta tiene en una mano la estatuilla y en la otra mano una bolsa pequeña de papel. Alfredo coge la bolsa y la abre. Dentro hay algo blanco, como *polvo*.

-Es droga -dice Alfredo-. Cocaína, creo. 20

-Las estatuillas tienen drogas… -dice Esther.

Alfredo examina las otras estatuas. Todas están *huecas*

---

gritar, hablar muy alto; por ejemplo alguien grita cuando necesita ayuda
polvo, partículas sólidas muy pequeñas
hueco, dentro de la estatua no hay nada, hay aire

29

y dentro tienen bolsas *pegadas* con *cinta adhesiva* de color marrón. Coge el teléfono de la habitación y llama a la recepción.

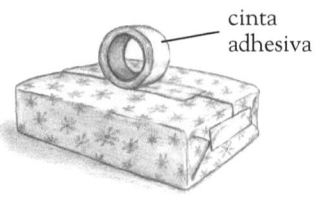

cinta adhesiva

-¿Es usted, Armando? … Soy Alfredo Cienfuegos …
5 Hemos encontrado drogas en la habitación de mis hijas … Sí, drogas. ¿Llama usted a la policía? … Sí, rápido, por favor, salimos para España dentro de tres horas y media y no tenemos tiempo.

Alfredo se sienta en la cama y piensa un momento.
10 -Hijas -dice después-, yo casi he terminado en mi habitación. Os ayudo ahora con vuestras maletas. No podemos *perder* el avión y todo esto puede complicar las cosas.

2

Quince minutos más tarde oyen el teléfono. Es Armando.
15 Les dice que la policía ha llegado y que un policía está subiendo a su habitación.

Los tres esperan nerviosos.

Oyen entonces unos *golpes* en la puerta. Alfredo la

---

pegar, unir dos cosas, por ejemplo con una cinta adhesiva
perder, aquí significa no llegar a tiempo, llegar tarde
golpe, damos golpes con la mano en una puerta y entonces la persona en la habitación nos oye

abre, pero no ve a ningún policía. El hombre del "piercing" entra en la habitación y cierra la puerta. Lleva
una maleta pequeña de color marrón.

-¿Usted? -dice Alfredo.

-Sí -dice el extranjero y se sienta en la cama. Marta, 5
Esther y Alfredo lo escuchan en silencio-, Armando me
ha llamado a mí. Armando tiene un hijo en Europa y…
bueno, todavía tiene que pagarme el dinero del viaje a
Europa. Pero eso a ustedes no les importa. Ustedes tienen

otro problema y… ya, ya veo el problema -coge la bolsa-, pero todo tiene solución, ¿no creen?

No le responden. El hombre cierra la bolsa, la mete en la estatuilla y la pega con cinta de color marrón.
5 Ahora es difícil ver que hay una bolsa al *fondo* de la estatua.

-Listo, siempre hay una solución. He traído también esto para las estatuas -le da la maleta marrón a Alfredo. Tiene que meter las estatuas en esta maleta. Así después,
10 en Madrid, todo va a ser más fácil.

El hombre se levanta.

-He terminado -dice-. ¿Quiere preguntar algo?

Alfredo pone la maleta marrón sobre la cama.

-Sólo una pregunta: ¿por qué tengo que hacer lo que
15 usted me dice?

El hombre sonríe:

-¿Usted ya no quiere a su mujer? Muy mal, muy mal. Pero estoy seguro de que sus hijas todavía la quieren.

-¿De qué está hablando? -grita Alfredo.
20 -Su mujer está ahora en el hotel Diana, en el *aeropuerto* de Madrid, habitación 203, y está durmiendo. Pero a lo mejor no se despierta nunca…

-No es verdad -dice Alfredo.

-Papá -dice Esther-, es verdad. Mamá nos ha contado
25 por teléfono que pasa la noche en ese hotel.

-Es su decisión -dice el hombre-. Estamos hablando de bastante dinero y todo tiene que terminar bien. Sus hijas van a ver otra vez a su madre, pero primero esta maleta tiene que llegar a la persona correcta en Madrid.

---

fondo, dentro de la estatua, la parte final donde está la cabeza
aeropuerto, lugar a donde llegan aviones o desde donde salen, avión:
ver dibujo en pág. 12

¿Usted no me cree? Puede llamar a la policía, pero, ya lo sabe, nuestra organización es muy grande y… a lo mejor su mujer toma esta noche demasiados *somníferos*. Me voy. Tienen que salir dentro de tres horas.

El hombre sonríe a Marta y sale de la habitación. 5
Alfredo se sienta en la cama.

-No es verdad -dice-. Sólo habla y habla, pero él sabe que no puede hacer nada. En España no pasan cosas así. Voy a salir del hotel y llamar a la policía.

-Papá -dice Esther-, papá, yo quiero ver a mamá. A 10
lo mejor tienes razón y sólo habla, pero a lo mejor dice la verdad. Papá, por favor, por favor.

Alfredo mira a su hija: los ojos de Esther están *húmedos*.

V JORGE CHÁVEZ (LIMA)

1

15

El policía de la *aduana*, serio, les dice:
-Por favor, sus maletas.

Alfredo pone sus maletas sobre una mesa y las abre. El policía mira algunas cosas en la maleta grande. Después mira en la maleta marrón. Saca una estatuilla y ve 20
el adhesivo.

-¿Han estado ustedes en Ayacucho?
-No -responde Alfredo-. Las hemos comprado en

---

somnífero, medicamento para dormir
húmedo, con un poco de agua; el sustantivo de húmedo es humedad
Jorge Chávez, nombre del aeropuerto internacional de Lima
aduana, lugar donde la policía controla a las personas que pasan una frontera

otro lugar.

El policía pone otra vez la estatuilla en la maleta. Coge otra. Alfredo, Esther y Marta miran al policía en silencio. El policía ve que la estatuilla está hueca.

5 Alfredo habla con el policía:

-Nos las ha vendido un indio…

-Un minuto, por favor -dice el policía. El policía mete la mano en la estatuilla. Son segundos muy largos. Sólo dos o tres segundos, porque el policía consigue

10 sacar la bolsa. El policía sonríe triunfal y le enseña a Alfredo la bolsa.

-Todo tiene una explicación -dice Alfredo.

-Sí, todo tiene siempre una explicación.

El policía llama a otro policía con un gran *bigote*, y

15 habla un momento con él.

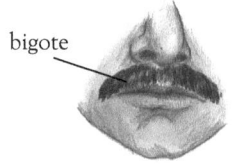 

bigote

metralleta

-Por favor, ustedes -dice el policía del bigote-, por aquí.

-¿Mis hijas también? -pregunta Alfredo.

-Sí, ellas también.

20 El policía les lleva a una habitación en la que sólo hay unas sillas. Alfredo y sus hijas se sientan. Delante de la puerta cerrada hay un soldado con una *metralleta*.

2

Alfredo piensa en este último año: la separación de su mujer y de sus hijas, la nueva ciudad... y ahora esto. Realmente no es un buen año. Y prefiere no pensar en lo que puede pasar: el año puede ser todavía peor.

-Vamos a perder el avión -dice Marta.   5

Alfredo sonríe.

-Marta, creo que el avión ya no tiene importancia.

Marta está en silencio un momento. Después dice:

-¿Y qué va a pasar con mamá?

Alfredo y Esther la miran: han comprendido por qué   10
para Marta el avión es importante.

-Tienes razón, Marta -dice Esther-. En Madrid van a ver que nosotros no llegamos en el avión y pueden creer que hemos dado las estatuas a la policía.

-Tengo que hablar con los policías -dice Alfredo y se   15
levanta.

El soldado que está en la puerta le *apunta* con la metralleta. Alfredo se para. Es la primera vez en su vida que ve una metralleta delante de él, una metralleta que le apunta.   20

-Tengo que hablar con alguien, es importante -dice, pero el soldado sigue en su sitio y no habla.

Alfredo se sienta, resignado.

Los minutos son largos. Pasan cinco, diez, quince minutos. Los tres están en silencio. Entonces oyen que   25
alguien se acerca y abre la puerta. Es el policía del bigote.

-Tengo que hablar con usted -dice Alfredo.

Pero el policía no oye sus palabras. La cara del policía está roja y grita:

apuntar, apuntamos a una persona cuando una metralleta mira hacia esa persona

-¿Qué es esto, una *broma*? -enseña una bolsa abierta-. Pues aquí no entendemos las bromas. ¡Es *sal*, sal, sal! -le dice al soldado.

broma, hacer una broma es hacer algo para reír, para divertirse
sal, el agua del mar tiene sal

-¿Sal? -dice Alfredo y mira a sus hijas.

Sus hijas también lo miran, no entienden nada. ¿Por qué hay sal dentro de las estatuas?

-No sé qué quieres, pero a ti, a ti no te quiero ver más en mi país -le dice el policía a Alfredo-. ¿Qué es esto? 5 ¡Estás preparando una nueva forma de *traficar* con drogas?

-No, Joaquín -dice el soldado-. A lo mejor hay sal para *evitar* la humedad en la cerámica.

El policía mira al soldado y después le dice a Alfredo:

-Está bien. Vete, ¿me oyes?, vete. 10

Alfredo, Marta y Esther se levantan y salen rápido, muy rápido.

3

Los tres están sentados en el avión. Marta mira a los trabajadores del aeropuerto que están metiendo las últimas maletas en el avión. 15

-Papá, todo esto es por mi culpa -dice Esther.

Alfredo la mira.

-¿Por qué dices eso?

-Por mi culpa no hemos llamado a la policía, y mira, casi estamos ahora todos en una prisión peruana. 20

-No, hija, tú has pensado en tu madre, y eso está bien.

-Papá, ¿por qué todo es siempre difícil? Los peruanos son gente muy simpática, con humor, siempre con ganas de ayudar. Pero nosotros conocemos durante las 25

---

traficar, llevar algo de un país a otro para venderlo; normalmente alguien trafica con cosas ilegales
evitar, cuando evitamos algo, eso no pasa

vacaciones a un extranjero que complica todo y *nos utiliza* para… traficar con sal. ¡Es absurdo!

-Sí -dice Alfredo-, realmente hemos tenido mala suerte.

5   -Y también está el porteador del Camino Inca.

-¿Ese chico del que me has hablado?

-Sí, ése. Durante las vacaciones he discutido sólo con ese chico, pero yo siempre pienso en él y no en otras muchas personas que han sido simpáticas. ¿Por 10 qué soy así?

-Tienes que aceptar la vida como es, con cosas buenas y cosas malas, con gente que te quiere y otra gente que no te va a querer.

-Claro, pero… ¿tú ya no tienes esos problemas, verdad?

15   -Esther, la edad no es la solución. Mírame, tengo casi cincuenta años y tengo los mismos problemas que tú. Mamá y yo nos hemos separado, y yo no quiero aceptar que ella quiere vivir otra vida. Ahora tengo que aprender a vivir solo, sin vosotras. Y no es fácil. Pero la vida es 20 así y también tiene otros momentos, momentos en los que somos realmente felices.

Esther lo mira: su padre parece viejo, cansado. Esther no quiere llorar, pero son demasiadas emociones en un solo día y… llora, llora, y por fin la frustración de 25 muchos días puede salir.

---

utilizar, usar a alguien para conseguir algo

VI BARAJAS (MADRID)

1

-Está bien -dice el policía de la aduana española.

Alfredo pone sus maletas, sobre las maletas de Marta y Esther, en el *carrito* del aeropuerto.

-Ya podemos irnos -dice-.

carrito

Esther y Marta están muy contentas. Por fin están en 5 España. Es una sensación agradable y saben que dentro de unas horas van a llegar a Valencia, a su casa.

Los tres pasan por la puerta de salida y ven a una mujer morena que les llama.

-¡Es mamá! -grita Marta. 10

Las dos hijas corren hacia su madre y la *abrazan*.

-¡Mamá, estás bien, estás bien! -dice Esther y se ríe.

-Claro, ¿por qué dices eso?

El padre se acerca con el carrito lleno de maletas.

-Hola, Rosa. No nos vas a creer, pero nos ha pasado 15 una cosa en Perú... algo absurdo. Pero tú estás aquí y ahora todo ha terminado.

La madre mira a los tres.

-Bueno, Alfredo, ahora me contáis todo, pero dame antes un abrazo. 20

---

abrazar, coger con los dos brazos el cuerpo de una persona a la que queremos

Alfredo abraza a su mujer. Entonces ve que, junto al carrito con las maletas, hay un hombre. En el suelo tiene una maleta pequeña, marrón, como la maleta con las estatuas. El hombre coge la maleta y se va. Pero no ha cogido su maleta: ¡ha cogido la maleta marrón del carrito, la maleta con las estatuas!

Alfredo lo ha visto todo y piensa: "Bueno, mejor así: ya tiene su maleta". 5

-Papá -dice Marta-, ¿qué te pasa? ¿Por qué no respondes?

-¿Qué? -dice Alfredo-. ¿Qué habéis dicho?

Alfredo no tiene tiempo para saber cuál ha sido la pregunta. Un hombre está delante de él y le enseña 10 algo. El hombre dice:

-Soy policía. Ese hombre está *detenido* -señala al hombre con la maleta marrón, que está junto a dos policías-, y todos ustedes también.

Los cuatro miran al policía. 15

-¿Otra vez? -dice Alfredo-.

2

Ha pasado una hora. Los cuatro están sentados en una habitación del aeropuerto de Barajas. Delante de ellos está el policía.

-Bien -dice el policía-, ahora puedo explicarles todo. 20

-Sí, por favor -dice Alfredo.

-Ustedes han traído seis estatuas de Perú. ¿Saben qué estatuas son?

-Sí -responde Esther-. Son estatuas de dioses incas, de Ayacucho. 25

-No -dice el policía, y sonríe-, no son dioses. Y, sobre todo, no son incas. Las estatuas son más antiguas -Esther

---

| *detenido*, una persona detenida tiene que ir con la policía

tiene la boca abierta-: son del *arte mochica* y tienen más de mil años.

-Entonces, ¿las estatuas son auténticas? -pregunta Alfredo.

5   El policía sonríe otra vez.

-Sí, auténticas, y hay gente que puede pagar mucho dinero por ellas.

-Pero… -dice Alfredo-, yo he visto las estatuas: son de cerámica normal, y están huecas, y son de Ayacucho.

10   -No, no todas las estatuas son como usted dice. Hay cuatro que son falsas. Muy buenas imitaciones, pero falsas. Alguien puede meter dentro de las estatuas drogas o… sal. Pero las otras dos son las estatuas mochicas, auténticas.

15   El policía les enseña una foto de las estatuas.

-¿Ven? Estas dos son las auténticas.

-¿Y nosotros? -pregunta Alfredo-. ¿Por qué nos han dado unas estatuas auténticas a nosotros?

-Esto tiene una fácil explicación. No es la primera
20 vez que usan a turistas para traficar. Ustedes tienen que venir a España. En la aduana van a ver estas estatuas y ustedes pueden ir a una prisión peruana… tráfico de arte, ya saben. Pero a ellos no les va a pasar nada. Después, cuando ustedes están en España, hay un *robo*
25 en su casa: un robo sin importancia, sólo unos recuerdos del último viaje.

-Sí, eso lo entiendo -dice Esther-. Pero, ¿por qué tienen sal?

arte, es el sustantivo de artístico
mochica, cultura del norte de Perú: aprox. 300 antes de Cristo a 600 después de Cristo; pirámides y cerámica de gran calidad
robo, robar es coger algo de otra persona; el sustantivo de robar es robo

—Para *distraer* a los policías. En la aduana peruana los policías no han buscado arte. Ellos han buscado drogas. ¿Drogas? No, sólo es sal. Ya saben, la cocaína y la sal son prácticamente idénticas. ¿Han encontrado la sal?

distraer, cuando distraemos a una persona, esa persona no puede concentrarse, piensa en otras cosas

-Sí, y se han enfadado bastante.

-Lógico. Y los policías peruanos no han pensado en que ustedes, en realidad, son traficantes de arte.

-Nosotros...

5 -Sí, usted es traficante de arte -dice el policía y sonríe-. ¿Por qué no ha llamado a la policía peruana? Ya sabemos que ha habido un problema y que usted ha encontrado esta mañana una bolsa en una estatua.

-Ellos han dicho que mi mujer...

10 -Sí, lo sé, el hombre que hemos detenido con ustedes nos lo ha contado todo. Durante los últimos dos meses hemos *seguido* a este hombre: un español que tiene una galería de arte aquí, en Madrid. Ahora, por fin, sabemos cómo llegan los objetos antiguos a Madrid.

15 El policía coge un papel.

-Esta organización ha actuado durante los últimos años en otros países. Ahora, usted lo sabe bien, está en Perú. Y usted puede ayudarnos: necesitamos información.

20 -Hay sobre todo un extranjero... y, en el hotel, Armando, un pobre hombre... -dice Alfredo.

-Bien, ahora escribo sus nombres. Lo necesito a usted, pero creo que sus hijas a lo mejor prefieren ir a una cafetería con su madre.

25 -Sí, por favor -dice Marta.

-Es terrible -dice Esther-. Perú es un país pobre y ahora, además, hay gente que trafica con su arte.

El policía la mira.

-Mira, yo soy policía y aquí vemos muchas cosas. Estas

30 organizaciones no sólo trafican con objetos arqueológi-

---

seguir, ir detrás de alguien, controlar los movimientos de alguien
madera, con la madera de los árboles fabricamos sillas o mesas

cos: también traen animales exóticos, *madera* tropical... La gente de los países pobres tiene que vivir y
vende las pocas cosas que tiene. No es agradable, pero
así es la vida.

-Lo sé -dice Esther.   5

Actividades

1. Preguntas

I LIMA

1. ¿Qué quiere ver Esther en Lima? ¿Qué piensa su padre sobre la idea de Esther?
2. ¿Por qué razones están el padre y las dos hijas en Perú?
3. ¿Por qué el padre no quiere pasar más días en Lima?

II CUZCO

1. ¿Qué diferencias hay entre Cuzco y Lima?
2. Esther conoce en Cuzco a un joven indio. ¿Por qué el joven traduce las palabras de su madre?
3. ¿La madre del joven indio conoce de verdad el futuro de la gente?

III EL CAMINO INCA

1. Escribe unas líneas sobre el Camino Inca. ¿Cómo es?
2. Durante un paseo, Esther encuentra a un joven porteador. ¿Qué piensa el porteador sobre los españoles?
3. ¿Cómo son las estatuas que Alfredo compra en Machu Picchu?

IV LIMA

1. ¿Qué encuentran Marta y Esther en las estatuas?
2. ¿Por qué Alfredo no sale del hotel y llama a la policía?

V JORGE CHÁVEZ (LIMA)

1. ¿Por qué el policía de la aduana cree que Alfredo ha estado en Ayacucho?

2. ¿Por qué para Marta es muy importante no perder el avión?
3. Esther y su padre hablan en el avión. ¿Qué problemas tiene Alfredo en su vida? ¿Qué piensa Alfredo sobre la vida?

VI BARAJAS (MADRID)
1. Junto al carrito con las maletas hay un hombre con una maleta. ¿Qué hace ese hombre?
2. ¿Cuántas estatuas son auténticas y cuántas son imitaciones?

2. Una conversación
Cuando la familia pasa una noche en un hotel del Camino Inca, Marta habla con el extranjero del "piercing" en la ceja. ¿De qué hablan?
Lee el final del capítulo III 2 y escribe después la posible conversación entre Marta y el extranjero.

3. Dos modos de hacer turismo
A) Alfredo y su hija Esther son dos personas bastante diferentes. ¿Cómo quiere conocer el país Alfredo? ¿Cómo le gusta hacer turismo a Esther?
B) ¿Cómo te gusta hacer turismo a ti?
C) Hoy en los países pobres mucha gente vive del turismo. ¿Crees que el turismo organizado es bueno para la gente del país? (piensa en el dinero, en el respeto a la cultura y la naturaleza, etc.)

4. ¡Ya sabes mucho sobre Perú!
A continuación tienes una lista de palabras relacionadas con Perú. Elige una palabra, busca información en una enciclopedia o en Internet y escribe un texto.

Si trabajáis en grupo, podéis elegir cada grupo de la clase una palabra y presentar un pequeño proyecto con fotos e información sobre cada lugar o aspecto cultural de Perú.

Ayacucho, Lima, los Andes, quechua,
Cuzco (o Cusco), la cultura inca,
el Camino Inca, el cóndor,
la arquitectura colonial, la cultura mochica,
Machu Picchu, la música andina

Ver más actividades en
www.easyreaders.eu

PUBLICADOS:
Ana María Matute: Historias de la Artámila (C)
Anónimo: Lazarillo de Tormes (B)
Benito Pérez Galdós: Tristana (B)
Carmen Martín Gaite: Caperucita en Manhattan (C)
Carmen Martín Gaite: Lo que queda enterrado (D)
Fernando Lalana: Amnesia (B)
Francisco García Pavón: El carnaval (B)
Francisco García Pavón: Las hermanas coloradas (C)
Gioconda Belli: El infinito en la palma de la mano (C)
Homero Polar: El misterio del capirote asesino (A)
Jaime Corpas: Amigos virtuales
Jaime Corpas: Misterio en la Sagrada Familia (1)
Javier Alcántara: La leyenda del cantaor fantasma (3)
Javier Navarro: Historia de una montaña (1)
Javier Navarro: Las estatuas de Machu Picchu (2)
Javier Navarro: Un mundo fantástico (0)
Jesús Luis Martínez Carazo: El mal de Gutenberg (B)
Jordi Sierra i Fabra: La memoria de los seres perdidos (C)
Jordi Sierra y Fabra: Campos de fresas (B)
Jordi Sierra y Fabra: Donde esté mi corazón (C)
Jordi Sierra y Fabra: La música del viento (B)
Jorge Gómez Soto: Respirando cerca de mi (C)
José María Sánchez-Silva: Marcelino pan y vino (A)
Lope de Rueda: Las aceitunas y otros pasos (A)
Luis Mateo Díez: Tres cuentos (D)
Manuel L. Alonso: Las pelirrojas traen mala suerte (B)
Miguel Buñuel: Las tres de la madrugada (A)
Miguel de Cervantes: Don Quijote primera parte (D)
Miguel de Cervantes: Don Quijote segunda parte (D)
Miguel Delibes: El príncipe destronado (B)
Oriol Vergés: Un pueblo contra los Hamid (C)
Pío Baroja: Las inquietudes de Shanti Andia (B)
Ramón J. Sender: Requiém por un campesino español (C)

Encuentra todos los títulos en **easyreaders.eu**.